BANDE DE PIRATES

FLEURUS

Direction : Guillaume Arnaud
Direction éditoriale : Sarah Malherbe
Édition : Raphaële Glaux, Ludivine Boulicaut
Direction artistique : Élisabeth Hebert
Conception graphique : Séverine Roze
Mise en pages : Les PAOistes

Fabrication : Thierry Dubus, Florence Bellot

Site : www.fleuruseditions.com
ISBN : 978-2-2151- 2807-6
Code MDS : 652279
N° d'édition : 15010

Bande de Pirates

À l'abordage !

Texte de Juliette Parachini-Deny et d'Olivier Dupin
Illustrations de Jérôme Pélissier

FLEURUS

BANDE DE PIRATES

THOMAS LE FLAMBOYANT

Appelé ainsi en raison de ses cheveux roux, Thomas a 10 ans, mais il en paraît plus. Coiffé d'un tricorne de cuir hérité de son illustre grand-père, John le Grand, il se comporte comme le chef de la bande, joue les gros bras. Mais, en réalité, il est un peu froussard. C'est lui qui dirige le galion *Le Dragon noir*. Il sait lire une carte et utiliser une boussole. Son arme favorite est le lance-pierre.

MONSIEUR MOODY

Ce perroquet a été autrefois le compagnon du pirate John le Grand, le grand-père de Thomas et Marie. Il est souvent d'un grand secours pour le trio, mais se montre parfois dédaigneux (il a quand même appartenu à un « vrai » pirate !).

WILLY L'INTELLO

C'est le voisin de Thomas et de Marie. Il a 8 ans et c'est le rusé de la bande. Myope comme une taupe, il a toujours dans son sac des livres très utiles : *Nœuds marins faciles*, *Animaux des îles*, *Guide du petit pirate*, etc.

MARIE L'INTRÉPIDE

La sœur de Thomas a 8 ans et un caractère en acier trempé (pour ne pas dire de cochon). Elle veut montrer au monde que les filles sont les égales des garçons. Pas question pour elle de porter de jolies robes ! Ce qu'elle aime, c'est s'habiller en pirate, un bandeau sur la tête. Courageuse, mais trop téméraire, elle fonce souvent tête baissée, sans réfléchir. Elle possède un sabre de bois qu'elle manie avec habileté.

Chapitre 1

Effervescence au port

Willy, le nez dans son livre, n'écoute que d'une oreille son ami Thomas. Assis sur un rocher au bord de l'eau, dans la crique des Boucaniers, les garçons attendent qu'un poisson morde à l'hameçon de leur canne à pêche. Thomas se lève, son tricorne à la main, ses longs cheveux roux au vent qui lui valent son surnom de « Flamboyant », et s'écrie :

– C'est là qu'un requin d'au moins deux mètres a happé le poisson que j'avais au bout de ma ligne. Et comme je n'arrivais pas à le sortir de l'eau, j'ai plongé et je l'ai attrapé à mains nues !

Willy fait mine d'être impressionné. Il sait que Thomas exagère souvent.

Tandis que le héros explique comment il a remonté sa proie sur son bateau, il est coupé par un franc éclat de rire dans son dos. C'est Marie, sa petite sœur, qui vient d'arriver sans se faire entendre. Sur son épaule somnole Monsieur Moody, le perroquet de son grand-père.

– Je me rappelle très bien ce jour-là, dit la jeune fille. Il y avait un bébé requin au bout de ta ligne, il n'était pas plus gros que mon poing ! Et tu es allé te cacher au fond du bateau quand papa l'a sorti de l'eau tellement tu avais peur !

Willy étouffe un petit rire. Vexé, Thomas s'assoit et enfonce le tricorne sur sa tête.

– Qu'est-ce que tu fais là ? grogne-t-il. Je croyais que tu n'aimais pas pêcher.

– Il y a un bateau immense qui se dirige vers notre île. Il sera au port dans moins d'une heure. Vous venez le voir ?

Les garçons en ont très envie. Ils aiment se rendre au port pour admirer les navires. Thomas sort sa ligne de l'eau et Willy range son livre.

– À l'abordage ! plaisante Marie en brandissant son sabre de bois.

Monsieur Moody se réveille de sa sieste et crie à son tour :

– Grrrrr ! À l'abordage ! À l'abordage !

Au port, c'est l'effervescence. Un navire gigantesque vient de larguer les amarres. Il est incroyablement long et d'une couleur inhabituelle : sa coque est blanche. Lorsque le pont d'embarquement est déposé sur le quai, le capitaine apparaît. Il a un très gros ventre, une longue moustache blonde qui frisote et une étrange casquette rouge. Il est immédiatement suivi par une foule, parchemin à la main, qui s'éparpille dans les rues du village.

– Qu'est-ce que c'est que ce cirque ? demande Willy. Ce n'est ni un bateau de guerre, ni un navire marchand… Qui sont ces gens ?

MIA

Marie a bien l'intention de le découvrir. Elle interpelle une passagère qui s'émerveille devant « la pittoresque devanture » de *L'auberge des Requins*.

– Bonjour, Madame.

La dame se retourne. Elle porte un grand chapeau de paille et une robe colorée.

– Qu'elle est mignonne ! s'exclame-t-elle en pinçant la joue de Marie. Viens voir Viktor, une fillette du pays nous souhaite la bienvenue !

Un homme tout chétif, portant deux tresses blondes comme les Vikings, rejoint son épouse.

– En fait, corrige Marie en se frottant la joue, nous voudrions savoir ce que vous venez faire sur notre île.

– Voyons ! répond l'homme. N'as-tu jamais entendu parler de la Croisière du soleil ? Nous visitons, pardi !

Willy tape sur l'épaule de sa copine.

– Viens voir par ici.

Le garçon lui montre alors le pont du bateau. Marie distingue ce qui interpelle son ami : deux enfants, vêtus de haillons, sont en train d'astiquer les cuivres du bateau sous le regard menaçant d'un membre de l'équipage.

– On dirait qu'on les force à travailler… murmure Willy.

– Si on montait à bord pour leur poser la question ?

Derrière elle, Thomas blêmit. Il n'aime pas trop se mettre en situation dangereuse. Il bafouille :

– Vous êtes sûrs qu'on a le droit ?

– Le droit ? s'exclame Marie en ajustant son foulard rose décoré d'une tête de mort. Marie « l'Intrépide » a tous les droits !

Chapitre 2

« Grrr ! Mon beau chapeau ! »

D’un pas décidé, Marie s’approche du bateau. C’est alors qu’elle aperçoit une petite fille aux cheveux noirs qui la regarde d’un air apeuré.

– Ohé ! Comment t’appelles-tu ? demande Marie sans trop élever la voix pour ne pas se faire remarquer par l’équipage du bateau.

– Anna, lui répond la petite fille.

– Moi, je suis…

Mais Marie n’a pas le temps de finir sa phrase. Le capitaine du bateau intervient :

– Allez-vous-en ! Vous n’avez rien à faire ici, les mômes.

– Et toi, ajoute-t-il en attrapant la fillette par le bras, on t’attend dans la cuisine.

L'homme soulève alors sa casquette et passe une main sur son crâne aussi lisse qu'un œuf. Puis il soupire en s'éloignant de la rambarde :

– Ces esclaves n'en font vraiment qu'à leur tête !

– Vous avez entendu, murmure Thomas, ce sont vraiment des esclaves !

– Nous devons absolument monter à bord pour les aider ! s'exclame Marie. Suivez-moi les garçons !

Marie se dirige vers le pont d'embarcation devant lequel est posté un marin aux larges épaules.

– Votre navire est vraiment magnifique ! lui dit la jeune pirate avec un sourire forcé. Nous aimerions tant le visiter !

– C'est impossible ! lui répond l'homme en croisant les bras. Personne ne doit monter à bord. Ordre du capitaine.

Les enfants rebroussent alors chemin et s'assoient sur le bord du quai, face à la mer.

– Nous ne réussirons jamais à monter sur ce bateau, sa coque est bien trop haute pour que nous puissions l'escalader ! déplore Thomas.

– On doit trouver un plan, murmure Willy en remontant ses petites lunettes sur le nez.

Marie ne répond pas, plongée dans ses pensées. Perché sur l'épaule de Thomas, Monsieur Moody aussi reste silencieux.

Soudain, Marie bondit.

– Je sais comment grimper sur le bateau ! Tu veux bien nous aider, Monsieur Moody ? demande-t-elle au perroquet.

Puis, elle explique son plan à ses camarades. Les enfants courent se cacher derrière les grosses caisses en bois qui longent le quai.

– Chacun à son poste ! Vous êtes prêts ? demande Marie.

Elle fait alors un signe au perroquet qui prend son envol. Il tournoie au-dessus de la tête du marin puis descend en piquet pour attraper son chapeau.

– Rends-moi mon tricorne, fripouille à plumes ! hurle l'homme en brandissant son épée. Si je t'attrape, je te fais rôtir à la broche !

Furieux, le marin pourchasse Monsieur Moody qui s'éloigne du bateau en croassant.

– Grrrrr ! Mon beau chapeau ! Mon beau chapeau !

Le trio en profite pour se faufiler sur l'embarcadère.

– Bravo pour ton plan ! s'exclame Willy. Tu as toujours…

Le jeune garçon pousse alors un cri de peur. Le capitaine du bateau l'a attrapé par la ceinture et le tient en l'air.

– Je vois que vous n'avez pas compris ! lance l'homme d'un air menaçant. Descendez immédiatement de ce bateau où vous finirez en repas pour les requins !

– Lâchez-le ! s'écrie Marie en brandissant son sabre de bois.

Le capitaine repose alors Willy sur le sol en éclatant de rire.

– Tu crois que tu me fais peur avec ton joujou ? Allez, filez, bande de moucherons ! Et que je ne vous revoie plus autour de mon navire.

Marie devient rouge de colère et s'apprête à répondre au capitaine, mais son frère la retient par le bras.

– Filons ! s'exclame Thomas, tremblant de peur.

Les trois enfants dévalent le pont d'embarcation à toute vitesse.

– Nous rentrons à la maison ! lance Marie d'un ton sec.

– Marie « l'Intrépide » renonce déjà ? s'étonne Thomas.

– Non, j'ai un autre plan ! lui répond la jeune fille en courant de plus belle.

Chapitre 3

Le plan de Marie

Une fois arrivé chez eux, dans la crique, Thomas se poste devant sa petite sœur, les bras sur les hanches et les sourcils froncés.

– Bon, tu nous expliques, maintenant !

– Plus tard, répond Marie en vidant un grand sac de pommes de terre sur la table.

Quand Marie a une idée, elle fonce tête baissée, ce qui agace Thomas. Il n'aime pas que sa petite sœur soit plus audacieuse que lui.

Marie se précipite ensuite dans la chambre de ses parents. Elle ouvre une armoire et attrape un magnifique chapeau à plumes blanches.

– C'est le chapeau préféré de maman ! Elle l'a acheté sur l'île aux Oiseaux, s'écrie Thomas.

– On en prendra grand soin ! lui répond Marie, sûre d'elle.

La jeune fille continue à fouiller dans l'armoire et remplit le sac avec des vêtements, sous le regard amusé de Willy.

– J'ai compris ton plan ! lui dit-il, content. Je vais me faire une moustache avec de la suie.

– Excellente idée ! s'exclame Marie. Mais il faudrait plutôt la faire à Thomas, car toi, tu feras équipe avec moi.

– Vous ne me ferez rien du tout tant que je ne saurai pas pourquoi ! bougonne Thomas.

Après avoir expliqué le plan à Thomas, les trois petits pirates retournent sur le port. Ils se cachent derrière une grande balustrade en bois. Marie sort les vêtements du sac en toile et les distribue à ses deux complices.

– Thomas, demande Marie, aide-moi à grimper sur les épaules de Willy.

– Dépêche-toi, s'exclame Willy, les touristes sont à nouveau sur les quais ! Ils vont retourner sur le bateau.

Les enfants enfilent à toute vitesse les vêtements colorés. Thomas enlève son tricorne de cuir et met le chapeau haut de forme de son père. La moustache que lui a dessiné Willy le fait ressembler à un véritable lord anglais.

Perchée sur les épaules de Willy, Marie est vêtue d'une grande robe à fleurs. Elle s'est confectionnée une fausse poitrine avec des noix de coco.

– Ça va, Willy ? demande-telle, je ne suis pas trop lourde ?

– Non, mais j'étouffe un peu sous cette robe, lui répond le jeune garçon.

– Ne t'en fais pas, une fois à bord, on pourra retirer nos déguisements.

Les trois enfants se mêlent au groupe de touristes et réussissent à se faufiler sur le navire sans attirer l'attention des marins. Puis ils s'éloignent discrètement du groupe pendant que les vacanciers se dirigent vers un banquet installé sur le pont principal.

– Tous ces breuvages ont l'air exquis ! s'exclame une femme en levant son verre.

En entendant ces paroles et les rires des touristes, Thomas se retourne vers eux, l'air gourmand.

– Nous ne sommes pas en vacances, nous ! lui répond Marie. Nous devons vite trouver un endroit où nous cacher.

Soudain, des voix rauques font sursauter les enfants. Marie perd l'équilibre et glisse des épaules de Willy. Le capitaine, suivi de deux marins, s'approche à grands pas. Le trio a juste le temps de se cacher dans un grand tonneau. Serrés comme des sardines, ils retiennent leur respiration pour ne pas être repérés. L'idée d'être lancés par-dessus bord les fait frissonner de peur. Monsieur Moody s'envole et va se poster tout en haut du mât. Non loin du tonneau, les marins se sont accoudés à la rambarde du navire pour regarder l'horizon.

– Demain, nous serons sur l'île d'Hilda, dit l'un d'eux. Le ciel est dégagé, nous devrions avoir beau temps.

– Allez les gars, intervient le capitaine, retournez dans les cales. La nuit va bientôt tomber. Et vous savez ce que vous avez à faire avec les esclaves.

En les entendant s'éloigner, Thomas pousse un soupir de soulagement.

– C'était moins une !

– À votre avis, ils vont faire quoi d'Anna et de l'autre garçon ? demande Willy, l'air inquiet.

Chapitre 4

Dans la cale du navire

L'obscurité a enveloppé le bateau. Le pont principal est désert et silencieux. Les enfants vont enfin pouvoir se libérer du tonneau dans lequel ils sont entassés depuis longtemps.

– Après une journée de visite sur notre île, les touristes doivent dormir à poings fermés dans leurs cabines, murmure Willy.

– Nous allons pouvoir partir à la recherche d'Anna, dit Marie en sortant la première, s'appuyant au passage sur la tête de son grand frère.

Thomas sort en râlant. Son chapeau est tout déformé ! Les enfants se changent rapidement et remettent leurs déguisements dans le grand sac de toile.

Willy pointe son doigt en direction de la porte qui mène à la cale du navire. Adossé contre une poutre, le capitaine fait le guet et scrute la mer avec sa longue vue.

– Nous devons le faire partir d'ici ! chuchote Marie.

Thomas sort alors son lance-pierre et vise la cloche qui sonne habituellement l'alerte. Surpris par le bruit, le capitaine court à l'avant du bateau. Le trio en profite pour dévaler l'escalier, et découvre, dans les cales, de gros fûts de vin et des caisses remplies de nourriture.

Il y fait sombre. Les lanternes accrochées aux murs éclairent faiblement. Au loin, on entend les ronflements des matelots.

Les enfants marchent à pas de loup, faisant grincer le plancher. Soudain, une vois fluette et plaintive se fait entendre :

– On pourrait avoir quelque chose à boire… ?

Les petits pirates s'approchent et découvrent les deux esclaves attachés par la cheville à une lourde chaîne. Ils sont assis sur un matelas crasseux et grignotent un minuscule quignon de pain.

En apercevant Marie, la petite fille a le regard qui brille.

– Je te reconnais, s'écrie-t-elle. C'est toi qui m'as parlé tout à l'heure.

Marie est si choquée par la triste vie des enfants qu'elle en a la gorge nouée. Thomas, en bon chef de bande, prend la parole :

– Je suis Thomas « le Flamboyant » et voici ma petite sœur Marie et notre ami Willy.

Essayant de se relever, la jeune esclave se présente à son tour :

– Moi, c'est Anna. Mon frère s'appelle Paolo. Le capitaine de ce navire nous a enlevés à nos parents. Et depuis, il nous force à travailler sans relâche.

Marie retrouve immédiatement son énergie !

– C'est inadmissible ! Nous allons vous faire sortir de là, ne vous en faites pas.

Puis, se tournant vers Willy, surnommé « Willy l'Intello » du fait de ses grandes connaissances, elle dit :

– À toi de jouer !

Willy a déjà compris. En plissant les yeux derrière ses lunettes épaisses, il scrute les cadenas qui retiennent les enfants prisonniers et dit :

– Je connais ce genre de cadenas. J'ai lu comment les forcer dans le livre *Comment s'évader d'un bateau pirate.*

Le garçon enlève le sac qui ne le quitte jamais. Il utilise alors la partie pointue de la boucle en métal de la sangle, qu'il introduit dans la serrure. En moins de temps qu'il n'en faut pour le dire, les esclaves sont libérés !

La troupe se dirige vers la sortie de la cale, pour quitter ce maudit bateau. Alors qu'ils grimpent les marches, une secousse leur fait perdre l'équilibre.

– Qu'est-ce que c'est que ça ? demande le petit Paolo.

– Je crois, répond Marie, que le bateau met les voiles plus tôt que prévu. Nous sommes en train de quitter le port…

Les enfants accélèrent et débouchent sur le pont, baigné par la lumière bleutée de la pleine lune.

– Regardez par ici, chuchote Thomas, il y a une chaloupe. Descendons-la rapidement et filons d'ici !

Thomas et Willy font alors coulisser la chaloupe dans laquelle Anna, Marie et Paolo ont pris place. Marie siffle pour appeler son perroquet, toujours perché en haut du mât. Le volatile, qui s'était de nouveau assoupi, réagit un peu trop vivement et se met à piailler.

Une voix bien connue retentit derrière eux :

– Les rats quittent le navire ?

155 5 078-5

Chapitre 5

Gare au capitaine !

Le capitaine se tient face à eux, son sabre à la main. Les cris de Monsieur Moody ont attiré son attention.

Marie se relève, vexée, et dégaine son sabre de bois.

– Comment ça, les rats ?

Elle bondit et s'interpose entre la chaloupe et le capitaine.

– Croyez-moi, vous ne quitterez pas mon navire aussi facilement.

Le capitaine lève son sabre au-dessus de sa tête, prêt à s'attaquer à l'intrépide Marie.

– Je vais vous apprendre, moi, à monter sur mon navire et à me voler mes esclaves !

Aussitôt, il court vers la jeune fille en grognant.

Thomas sort son lance-pierre et projette un caillou dans le ventre rebondi de l'affreux pirate. L'homme étouffe un petit cri et se plie en deux, laissant tomber sa curieuse casquette rouge.

– Bravo Thomas ! s'écrie Marie.

La jeune fille en profite pour assener un coup de sabre sur les orteils du capitaine. Ce dernier se met alors à sautiller en gémissant.

Willy cherche autour de lui de quoi donner l'assaut final. Il saisit dans sa sacoche un épais livre intitulé *Le bottin des pirates* et le laisse tomber sur le crâne chauve du capitaine qui s'écroule lourdement, le nez par terre.

Marie ramasse la casquette et la pose sur sa tête, triomphante.

Mais alertés par le bruit, les marins surgissent.

Marie brandit toujours son sabre de bois. Thomas et Willy sont figés par la peur. Dans la chaloupe, Paolo se blottit dans les bras de sa grande sœur.

L'un des marins, une immense brute à longue barbe, se penche vers le capitaine puis se tourne vers les enfants.

– Ce que vous avez fait là est… exactement ce que nous aurions dû faire depuis longtemps.

Deux autres marins relèvent l'odieux capitaine et lui attachent les mains dans le dos.

Le trio n'en croit pas ses yeux. Le barbu poursuit :

– Nous n'aimons pas le capitaine. Nous ne sommes pas d'accord avec ce qu'il a fait à ces pauvres enfants. Mais le code de la piraterie nous interdit de nous opposer à notre chef. Il était temps que cela cesse. Au fait, on m'appelle Barbe-drue.

– Alors, vous allez nous laisser partir ? demande Marie.

– Mieux que ça, répond le barbu. Nous allons vous ramener au port !

Aussitôt, tous les marins acclament leur compagnon.

– Vive notre nouveau capitaine ! Vive le capitaine Barbe-drue !

Au port, le grand navire laisse descendre les enfants. Le nouveau capitaine s'excuse auprès des petits esclaves.

– Nous sommes désolés pour ce que nous vous avons fait subir. Pour nous faire pardonner, je vous remets cette cassette de pierres précieuses qui appartenait à notre ancien capitaine. Elle vous sera sans doute très utile.

Le trio emmène les petits esclaves dans la crique des Boucaniers pour un repos bien mérité.

Au petit matin, le *Dragon noir*, le galion des enfants, est prêt pour le départ.

– Cap au sud ! crie Thomas derrière la barre.

Quelques heures plus tard, l'équipage s'arrête sur une côte à la végétation dense. De jolies cabanes sur pilotis jalonnent la plage. Dans l'une d'elles, un homme au regard triste observe l'horizon. Quand il aperçoit le galion, avec à son bord Anna et Paolo, il se précipite hors de sa cabane et fait de grands gestes.

– C'est Antoine, notre papa ! s'exclame le garçon en serrant sa sœur de ses petits bras.

Le trio est accueilli avec tous les honneurs. C'est Thomas, le « prince des conteurs », qui explique comment il a vaincu le capitaine du navire de croisière pour sauver, presque à lui seul, Anna et Paolo.

Comme souvent, Marie et Willy préfèrent le laisser se vanter. Ils se regardent en se faisant un clin d'œil amusé.

Marie remet alors le coffret de pierres à Antoine.

– Voilà de merveilleux cadeaux ! répond l'homme, ému. Ce coffret nous permettra de mieux vivre, c'est certain. Mais vous m'avez ramené un trésor encore plus précieux : mes chers enfants !

Achevé d'imprimer en Chine par C&C offset en février 2015
Dépôt légal : mars 2015